André Cochut

Le ministère de Colbert

Essai

ISBN : 978-1545560754

10 9 8 7 6 5 4 3 2 1

André Cochut

Le ministère de Colbert

Essai

Table de Matières

Le ministère de Colbert

Colbert a été l'organisateur du gouvernement absolu : ses actes et ses doctrines ont régi la France jusqu'en 1789 ; même après cette époque, le principe démocratique introduit dans nos lois et dans nos mœurs n'a pas complètement renouvelé les enseignements de l'ancienne monarchie. La pensée de Colbert subsiste encore dans nos règlements de commerce extérieur, dans notre organisation maritime, dans notre système colonial, dans presque toute la pratique administrative. Aujourd'hui que des réformes sociales sont promises par tous les partis, il y a urgence, pour ceux qui veulent s'éclairer, de remonter à l'origine des faits. De nouvelles recherches sur la vie et l'administration de Colbert se présentent donc avec le mérite de l'opportunité. Le programme annoncé par M. Clément est assurément le mieux approprié aux circonstances : il promet à ses lecteurs une exposition des faits simple et impartiale, éclairée souvent au moyen des documents nouveaux qu'il a laborieusement recueillis.

Ce programme, honnêtement suivi en général, n'a-t-il pas été involontairement faussé sur quelques points importants ? Malgré cette impartialité, ou plutôt à cause de cette prétention à une parfaite indépendance, la lecture laisse une impression qui n'est que médiocrement favorable au ministre de Louis XIV. Ce n'est pas que M. Clément lui refuse les éloges : dans le préambule, comme dans le résumé de son livre, il reconnaît que « la France, de 1661 à 1683, présente un admirable spectacle… que l'époque remplie par l'influence de Colbert restera une des plus brillantes de nos annales… que le restaurateur des finances, le réformateur de tous les codes, le protecteur des arts et des lettres, réunit les plus beaux titres au respect et à l'admiration de ses concitoyens. » Mais ces considérations générales sont si souvent démenties par l'aspect donné aux faits, le tableau de l'époque est ordinairement si sombre, que, lorsqu'on ferme le livre pour asseoir ses idées, on s'étonne de trouver le grand homme considérablement amoindri. M. Clément, faisant nombre dans la phalange des théoriciens qui ont levé l'étendard au nom de la liberté absolue du commerce, n'a pas assez résisté à la tentation de faire « ressortir les funestes effets du système prohibitif, dès son origine même. » Économiste érudit plutôt qu'historien,

André Cochut

il ne se transporte pas dans le passé pour observer son héros : il le cite à la barre du XIXe siècle, et prononce du haut de ses principes absolus. Il semble chercher dans les actes de Colbert la confirmation des axiomes de son école, et il se donne si souvent le plaisir de le prendre en faute, il revient avec tant d'insistance sur les suites déplorables des erreurs ministérielles, qu'on est parfois tenté de se demander s'il n'eût pas mieux valu pour la France que Colbert ne fût pas parvenu au pouvoir.

Au dernier siècle, sous le règne universel du monopole et des lois restrictives, la gloire de Colbert était acceptée à peu près sans contrôle ; l'instinct populaire lui faisait honneur de la prospérité de la France, et son nom suffisait pour caractériser le type du grand ministre. Aujourd'hui que la liberté des échanges est préconisée comme le remède à toutes les misères sociales, Colbert, en qui on personnifie le système prohibitif, est exposé aux préventions de la critique. Ainsi flottent les jugements humains, selon les temps et les circonstances, entre une admiration irréfléchie et une sévérité qui touche à l'ingratitude. Il est bon que de temps en temps les faits soient exposés avec un parfait désintéressement, afin que le public retrouve le point de vue où il doit se placer pour apprécier les grands hommes.

Gardons-nous de juger les ministres de l'ancien régime avec les idées qui appartiennent à notre ordre social. Il a fallu des siècles pour que les attributions ministérielles fussent exactement définies. Après le triomphe de la monarchie sur le principe féodal, le domaine royal semblait moins une contrée à régir qu'une conquête à exploiter. Sous Henri II, on réduisit à quatre le nombre des secrétaires d'état, et on leur attribua à chacun, non pas un ordre spécial d'opérations, mais un quart du royaume à gouverner. Chacun de ces pachas, indépendant de ses collègues, exerçait dans son *département* (le mot était pris à la lettre) l'ensemble des attributions partagées aujourd'hui entre de nombreux ministères. La confusion qui ne tarda pas à s'introduire dans le gouvernement conduisit à l'idée de distribuer, non plus le territoire, mais les affaires, suivant leur nature, entre un nombre plus ou moins grand d'hommes spéciaux. Même sur cette nouvelle base, le ressort de chaque département ministériel n'était pas exactement circonscrit, et, lorsqu'on reconnaissait à un homme d'état des aptitudes variées, on ne craignait pas de lui confier les charges les plus diverses. Ce fut ainsi que Sully réunit la suprême direction de la guerre, le contrôle général des finances, l'intendance du commerce et de l'agriculture. Richelieu et Mazarin furent moins des ministres, dans le sens exact du mot, que des fondés de pouvoirs de la royauté ; leur volonté, à peu près souveraine, s'étendit sur toutes les parties de l'administration. Fouquet aurait voulu continuer ce rôle, et ce fut ce qui le perdit. Fils, comme Colbert, d'un négociant enrichi, Fouquet, homme brillant et spirituel, montra l'imagination d'un artiste, quand le pays réclamait la solide pensée d'un homme d'état. Son faste scandaleux, ses ruineuses maîtresses, sa générosité à l'égard de ses créatures, les 9 millions de livres (30 millions de francs peut-être)[1] engloutis dans son domaine de Vaux, et jusqu'au bon goût dont il faisait preuve dans ses folles dépenses, irritaient ceux qu'il se proposait d'éblouir. Fouquet tombe : qui donc sera ministre ? Un jeune homme de vingt-trois ans, d'une instruction médiocre, mais d'un sens droit et d'un esprit élevé, plein d'enthousiasme pour les grandes choses ; un jeune homme qui a le droit de dire : L'état, c'est moi ! C'est Louis XIV, en un mot, qui déclare au chancelier et aux officiers de la couronne qu'à l'avenir, lui, le roi, sera le premier ministre de la royauté !

Avec un tel chef, il ne fallait plus que des commis zélés, infatigables, débrouillant humblement les affaires, préparant en secret les solutions, ajoutant leurs aptitudes spéciales à l'intelligence du prince, toujours prêts surtout à s'effacer devant la volonté royale. Un bon et vrai gentilhomme, existant par lui-même, eût limité dans les conseils l'omnipotence du monarque et l'eût offusqué. Le

---

1   Je ferai remarquer à cette occasion que, dans l'évaluation de la monnaie, je tripleordinairement la somme pour indiquer approximativement la valeur qu'elle aurait de nos jours. L'estimation de M. Clément, qui n'excède pas de beaucoup le double du chiffre, est trop faible ; elle ne représente guère que la valeur intrinsèque. Sous l'administration de Colbert, le prix du marc d'argent était de 28 livres, c'est-à-dire qu'on taillait 28 livres tournois avec la quantité d'argent qui produirait 54 francs aujourd'hui ; mais, indépendamment de leur valeur intrinsèque au poids, les métaux monnayés ont un pouvoir d'échange qui varie suivant leur abondance dans la circulation. Or, d'après les savantes et judicieuses recherches soumises à l'Académie des Inscriptions par M. Leber, le pouvoir réel de l'argent, à la fin du XVIIe siècle, était au moins trois fois plus fort que de nos jours, ce qui revient à dire qu'avec un revenu de 1,000 livres tournois, on pouvait vivre aussi bien qu'avec 3,000 francs de notre monnaie.

André Cochut

maître préférait pour ses auxiliaires des parvenus légèrement frottés de noblesse, instruments souples et de peu de poids, qu'on aurait pu briser sans scrupules. Aussi les grands seigneurs, qui se réservaient le monopole des hauts gradés militaires, regardaient-ils alors les fonctions ministérielles comme une sorte de domesticité, et les plus hautains d'entre eux affectaient de jeter sèchement le titre de *monsieur* à ces puissants ministres d'état, qui réclamaient la qualification de *monseigneur*. Par son origine, comme par ses talents et son caractère, Colbert se trouvait dans la condition la plus favorable pour asseoir sa fortune.

Répéter, suivant la tradition, que Jean-Baptiste Colbert était le fils d'un marchand de Reims, c'est s'exposer peut-être à une réclamation. La famille du grand homme a adressé récemment à M. Eugène Sue copie de plusieurs pièces, desquelles il résulte que le père, la mère, l'aïeul de Jean-Baptiste Colbert ajoutaient à leurs noms des titres nobiliaires ; que son cousin, et plus tard son propre fils, avant à faire des preuves pour l'ordre de Malte, ont pu faire remonter leurs titres jusqu'à Gérard Colbert, écuyer, seigneur de Crèvecœur, né en 1500, et à Hector Colbert, seigneur de Magneux, trisaïeul du ministre. Ces pièces, dont quelques-unes sont antérieures à la fortune du contrôleur des finances, ont un caractère suffisant d'authenticité. D'un autre côté, il est indubitable que la famille Colbert tenait boutique à Reims ; à l'enseigne du *Long-Vêtu*, et qu'à la vente des draps elle avait joint un commerce considérable et très étendu de vins, de toiles, de blés ; que d'autres branches de la famille, également vouées au négoce, florissaient à Paris et à Troyes. On a remarqué enfin cette phrase écrite par Colbert dans une instruction à son fils aîné : « Mon fils doit souvent faire réflexion sur ce que sa naissance l'aurait fait être si Dieu n'avait pas béni mon travail, et si ce travail n'avait pas été extrême. » Le moyen de tout concilier est d'admettre que le père de Colbert, comme celui de monsieur Jourdain, fort bon gentilhomme d'ailleurs, « était fort obligeant, fort officieux, et, comme il se connaissait fort bien en étoffes, en allait choisir de tous les côtés, les faisait apporter chez lui, et les donnait à ses amis pour de l'argent. »

On retrouve d'ailleurs dans la jeunesse laborieuse de Colbert les traditions d'une famille vouée au gain. Son père le tire de l'école avant la fin de son éducation littéraire, et l'envoie successivement à Paris et à Lyon pour le former au commerce. Le jeune homme revient à Paris, entre en qualité de clerc chez un notaire, puis chez un procureur au Châtelet, nommé Biterne. Après ce triple apprentissage du négoce, de la jurisprudence civile et de la procédure, il débute dans la vie administrative en acceptant une place modeste qui lui est offerte dans les bureaux d'un sieur Sabatier, trésorier des parties casuelles, c'est-à-dire receveur des droits perçus à la mutation des offices. Dans ces divers emplois, la régularité de sa conduite, son intelligence et son caractère également solides sont remarqués par des personnages puissants ; enfin en 1649, à l'âge de trente ans, il se trouve introduit, par l'entremise d'un de ses parents, dans la maison d'un homme qui vient d'être frappé par une sentence d'exil perpétuel, et qui néanmoins sera bientôt le maître de la France : chez le cardinal Mazarin. Colbert est un de ces hommes pénétrants et résolus qui, dans toutes les situations, ont l'art de se rendre nécessaires. A peine au service du cardinal, il saisit, suivant la dédaigneuse expression de Fouquet, « la bourse et le cœur de son maître ; » sa correspondance nous le montre sous les aspects les plus divers, habile et zélé dans tous les rôles. Intendant, il flatte l'avarice du cardinal par l'économie de quelques écus ; agent politique, il déploie autant de subtilité que d'énergie contre les ennemis du premier ministre. Mazarin meurt. Louis XIV, impatient de régner, a besoin d'un conseiller discret qui fasse luire la lumière à ses yeux. Son choix s'arrête sur Colbert, que le cardinal mourant lui a recommandé, et dont il a pu apprécier par lui-même le zèle et les connaissances. Un homme admis à l'honneur de travailler confidentiellement avec le jeune prince ne devait pas tarder à obtenir publiquement ses entrées au conseil. Nommé successivement contrôleur-général des finances, surintendant des bâtiments, ministre du commerce et de la marine, pourvu de plusieurs charges accessoires, le fils du négociant de Reims devint bientôt, après le roi, le plus puissant personnage du royaume.

La fortune matérielle de Colbert ne fut pas moins prodigieuse que son avancement politique. L'abnégation n'était pas la vertu des fonctionnaires de l'ancienne monarchie, et l'intendant de Mazarin entendait trop bien le positif des affaires pour négliger ses intérêts personnels. A peine entré chez le cardinal, on le voit exploiter l'influence que lui donne ce puissant patronage. Vers 1650, un

André Cochut

partisan nommé Jacques Charron, sieur de Ménars, qui, suivant la chronique, « de tonnelier et courtier de vins, était devenu trésorier de l'extraordinaire des guerres, » était menacé d'une taxe considérable à titre de restitution. Colbert, dit-on, le fit exempter, et, pour prix de ce service, obtint la main de sa fille, qui était nue des plus riches héritières de la capitale. Ce coup de fortune n'empêcha pas l'intendant de glisser de temps en temps dans sa correspondance une phrase pour demander quelque petite abbaye d'environ 4.000 liv. de rentes. Il ne perdit pas pour attendre, et reçut plus tard un bénéfice de 8,000 livres. Six ans de service chez le cardinal lui suffirent pour procurer à ses frères, oncles et cousins, des postes lucratifs ou de riches bénéfices. Lui-même reçut gratuitement la charge d'intendant du duc d'Anjou, dont il tira 40,000 livres, celle de secrétaire des commandements de la reine à venir (le jeune roi n'était pas encore marié) ; fonction honorifique qu'un financier lui acheta 500,000 livres, plus 20,000 livres de pot-de-vin à Mme Colbert. On sait que Mazarin, dont la rapacité était scandaleuse, entreprenait à son compte la fourniture des vivres de l'armée. Quoique blâmant en principe ce genre de spéculation, Colbert en était l'agent nécessaire, et il y dut trouver personnellement des bénéfices considérables. Lorsqu'à son tour il tint dans sa main la fortune de la France, il n'abusa pas trop de sa position ; on le trouve modéré lorsqu'on le juge par comparaison avec ses devanciers. Il résulte du compte établi par M. Clément que ses traitements avoués ne s'élevaient pas à plus de 70,000 livres ; mais ce qu'on a conservé du registre des ordonnances de comptant contient une note ainsi conçue : « Au sieur Colbert, pour gratification, en considération de ses services, et pour lui donner moyen de me les continuer, 400,000 livres. » Il paraît démontré en outre que le ministre recevait des dons annuels de la part des états provinciaux. Bref, après avoir établi richement six fils et trois filles, Colbert laissa une fortune évaluée en capital à 10 millions de livres, environ 30 millions de notre temps. Je me hâte d'ajouter que jamais homme d'état ne légitima sa fortune par une plus grande application à ses devoirs. Pendant les vingt-deux ans de son ministère, il travailla régulièrement seize heures par jour !

Les attributions de Colbert empiéteraient actuellement sur tous les ministères. Le département des finances, dans ses diverses dépendances, formait le fond de sa charge. Intendant particulier du roi, il devait administrer la fortune de son maître, et pourvoir aux dépenses qui constituent aujourd'hui la liste civile. Contrôleur-général des finances de l'état, la répartition et le recouvrement des impôts, les emprunts, les baux et les marchés, les monnaies, le paiement des rentes, des pensions et des services actifs, étaient de son ressort. Le chancelier de France était alors le ministre en titre de la justice ; néanmoins Colbert, homme du roi et jaloux de tout rapporter au roi, dirigeait les grands travaux de législation. La forte organisation du clergé dispensait d'un ministre des cultes ; cependant la police extérieure de l'église, ce qu'on appelait alors les affaires générales du clergé, revenait à Colbert. Dans le ressort de l'instruction publique, le sacerdoce et l'université se disputaient, comme on sait, l'éducation de la jeunesse : le gouvernement surveillait la lutte sans intervenir ; mais la partie élevée de ce ministère, l'instruction supérieure, les académies, les bibliothèques, les encouragements aux savants et aux littérateurs, étaient le beau côté des emplois de Colbert, et, pour ainsi dire, la récréation de ce grand homme. Il n'y avait pas alors de ministre spécial pour l'ensemble des relations extérieures : la diplomatie politique était confiée à des hommes d'une expérience consommée, d'une autorité généralement reconnue, comme Pomponne ou Lionne ; les traités de commerce et les consulats rentraient dans les fonctions de Colbert, qui correspondait directement avec les ambassadeurs. Les occupations les plus importantes du ministère de l'intérieur, c'est-à-dire la police générale du royaume, les postes, et les rapports avec les intendants et les magistrats civils des provinces, regardaient également l'homme infatigable. Il exerçait en outre, d'une manière directe, le *gouvernement*, c'est-à-dire l'intendance provinciale de Paris, de l'Ile-de-France et de l'Orléanais. Le ministère de la guerre proprement dit appartenait à Louvois, mais ce département avait alors moins d'étendue qu'aujourd'hui ; on en détachait presque toute la comptabilité : l'entretien des fortifications, la solde des troupes, les vivres, les étapes, l'entretien de l'artillerie, les poudres et salpêtres, en ce qui concerne la partie financière de ces services, revenaient de droit au contrôleur de la fortune nationale. Ce qui forme aujourd'hui le ministère des travaux publics rentrait alors dans la surintendance des bâtiments, l'une des charges de Colbert. La construction des palais royaux et des édifices publics, des routes, des ponts, des canaux, des arsenaux, des ports de mer, était dirigée par lui avec un zèle qui transformait parfois l'administrateur en artiste. L'agriculture, le commerce et l'industrie étaient la préoccupation capitale de Colbert, et sur ce terrain il était roi absolu. Toutefois le service qui lui demanda le plus de temps et d'application fut celui de la marine et des colonies, dont il surveillait jusqu'aux détails les plus minutieux. De compte fait, à l'exception de la diplomatie purement politique, de la direction militaire des armées, de la chancellerie et de l'université, toutes les affaires qui sont aujourd'hui réparties entre neuf portefeuilles revenaient à Colbert. On dira que l'administration au XVIIe siècle était moins compliquée, moins *avancée* qu'aujourd'hui. Sans doute elle était moins formaliste, moins paperassière : était-elle en réalité moins active ? Je n'ose prononcer. Quoi qu'il en soit, la tâche assumée par Colbert est effrayante à nos yeux. Pour y suffire, il fallut, non-seulement le zèle uni à l'ampleur de l'intelligence, non-seulement l'amour passionné du bien public : il fallut surtout une puissance de volonté, une solidité d'organisation vraiment phénoménales. Cette fureur de travail n'est pas toujours nécessaire pour faire un homme d'état. On peut heureusement devenir un bon ministre sans être un Hercule.

Dans l'immense courant des affaires confiées à Colbert, trois ordres de faits sont à distinguer : les finances, le commerce et la marine. Le déplorable état dans lequel le successeur de Fouquet trouva la France effraie l'imagination. Le brigandage de tous les hommes qui participaient au mouvement des fonds publics, depuis le ministre jusqu'au dernier des agents fiscaux, avait réduit la classe infime de la population à une sorte de sauvagerie. « Le royaume est si fort épuisé, est-il dit dans les remontrances adressées au roi vers les derniers temps de la fronde, qu'il y a peu de personnes à la campagne auxquelles il reste un lit pour se coucher. » Pendant les années suivantes, quelques maisons de refuge pour les mendiants, des lois sévères contre le vagabondage, dissimulèrent le mal sans beaucoup l'atténuer. Deux mauvaises récoltes, et par suite un renchérissement excessif des grains, dès l'avènement de Colbert, mirent à nu des souffrances épouvantables. On vit, dans les provinces, les pauvres mourir littéralement de faim. Le Blaisois, le

Vendômois, le Maine, la Touraine, le Berry, la Champagne, furent particulièrement désolés. Un document cité par M. Clément nous montre des malheureux « sans lit, sans habits, sans linge, sans meubles, noirs comme des Maures, la plupart défigurés comme des squelettes, et les enfants enflés. » Des bandes de paysans s'organisent pour le pillage, et, loin de les effrayer, la potence qu'ils ont en perspective leur promet la fin de leurs maux. On mange l'herbe des chemins, on déterre les cadavres : on cite même des malheureux qui retardent leurs derniers instants en rongeant leurs propres membres. Qu'on se souvienne qu'à cette époque de privilège, l'impôt pesait particulièrement sur les pauvres, et qu'on se fasse une idée des contribuables sur lesquels un ministre des finances devait opérer !

Aussi, depuis la mort de Sully jusqu'à l'avènement de Colbert, on vécut au moyen des anticipations. Le revenu de chaque année était employé, non pas pour les besoins du présent, mais pour solder les avances obtenues sur les années antérieures. En conséquence, l'art du financier consistait à escompter l'avenir ; le plus considéré était celui qui savait obtenir des traitants les plus fortes avances sur les ressources éventuelles des années postérieures. M. Clément, qui a pris la peine de lire les quinze volumes écrits par Fouquet pour sa justification, a pu donner les détails les plus curieux sur les désordres de cette époque. La gloire de Colbert est d'avoir cherché l'augmentation du revenu dans l'accroissement de la richesse nationale. L'ensemble de ses réformes et jusqu'à ses erreurs administratives ne sont qu'une extension exagérée de ce principe.

Telle était, suivant M. Clément, la situation financière à la chute de Fouquet : « En 1661, la France payait 90 millions d'impôts, sur lesquels il en restait près de 35 à l'état, prélèvement fait des frais de perception et des rentes à servir. En outre, deux années du revenu étaient consommées d'avance. » Les abus en matière de finance étaient si monstrueux, si généralement réprouvés, qu'un réformateur pouvait compter sur l'assentiment populaire, autant que sur le prestige de la monarchie triomphante. Colbert, à peine connu de la foule, rencontra moins de résistance que Sully et Mazarin au faîte du pouvoir. Une chasse aux larrons, comme disait le peuple, c'est-à-dire une enquête judiciaire, est ordonnée contre les hommes d'argent soupçonnés d'avoir abusé de la détresse du trésor. La chambre de justice atteint plus de cinq cents suspects, et fait rentrer en peu de temps 110 millions : expédient despotique, à peine excusé par le brigandage et l'insolence des spéculateurs de cette époque. Un coup plus hardi est la banqueroute faite à la bourgeoisie parisienne, opération déguisée sous le nom de révision des rentes, et qui procure une économie annuelle d'environ 8 millions de livres. Les contrats, en vertu desquels les octrois d'un grand nombre de villes ont été aliénés à des compagnies, sont cassés, malgré les réclamations des légitimes créanciers, malgré les doléances des villes qui protestent au nom de leurs franchises municipales. Les amendes contre les usurpateurs de noblesse, c'est-à-dire contre la plupart de ceux qui ont eu la naïveté d'acheter des titres nobiliaires, ramènent encore quelques millions. Les droits de ceux qui occupent les charges vénales sont également soumis à la vérification. Beaucoup de fonctions au moins inutiles sont supprimées avec des indemnités souvent insuffisantes. De là un double avantage pour le trésor, économie des intérêts qu'il fallait servir sous forme de traitement, et augmentation du nombre des contribuables en faisant rentrer sous le droit commun les familles exemptées de l'impôt en vertu de leurs titres. Toutes ces mesures, parfois illégales, souvent cruelles, sont des expédients révolutionnaires auxquels le bon sens public applaudit. Le mal en est venu à cet excès où un traitement prompt et énergique semble nécessaire, même à ceux qui doivent en souffrir.

Soit que sous l'aspérité de ses formes le ministre cachât des sympathies généreuses, soit qu'il combattît les privilèges au seul profit du trésor, Colbert ne perdit pas de vue les intérêts des classes réduites à gagner le pain quotidien. Une des entreprises qui lui fit le plus d'honneur, bien qu'elle n'eût pas obtenu un plein succès, fut la réforme du système des tailles. De *personnelle* qu'elle était, Colbert aurait voulu que la taille devînt *réelle*, c'est-à-dire proportionnée à la réalité de la fortune, sans distinction de noblesse ou de roture. Un tel projet n'était alors qu'une audacieuse utopie ; il devait soulever des difficultés insurmontables. L'exemption de l'impôt foncier était un des signes de la noblesse féodale. Le roturier payait, non pas comme citoyen, mais en qualité d'homme du roi ; le gentilhomme ne devait rien, parce qu'il s'appartenait à lui-même. Jusque dans les provinces de droit romain, où la contribution était assise par exception sur les terres, les domaines réputés nobles ne devaient rien au fisc royal. Comment faire comprendre au seigneur que lui, homme de qualité, devait se reconnaître le débiteur du monarque, tandis qu'un homme de rien obtiendrait l'exemption du tribut ? Après les résistances individuelles vinrent les protestations collectives des provinces. Il s'en fallait que l'impôt direct fût assis partout sur les mêmes bases. Les pays d'élection, taillables à merci, étaient bien moins favorisés que les pays d'état, dont le principal privilège était l'apparence du consentement aux charges publiques. Ces pays d'état, dont la population formait seulement le quart du royaume, ne contribuaient guère que pour un septième dans le produit des tailles. Comment égaliser les taxes dans les provinces nouvellement acquises, sans violer les contrats de réunion à la couronne française ? Ne pouvant atteindre le riche, Colbert s'appliqua du moins à dégrever le pauvre. Les tailles qu'il trouva à 50 millions furent abaissées d'un tiers ; son vœu était de les réduire à moitié. L'impôt exécré du paysan, la gabelle, fut adouci et surtout simplifié dans sa perception. L'unique moyen de saisir les privilégiés était de multiplier les taxes de consommation. Colbert s'y décida, bien malgré lui sans doute, car il était trop clairvoyant pour ne pas comprendre que l'enchérissement des subsistances, entraînant le haut prix de la main-d'œuvre, deviendrait funeste aux manufactures.

Sous un gouvernement absolu, où les dépenses étaient ordonnées sans contrôle par le roi, une comptabilité sévère devenait le seul frein au despotisme. L'explication des abus et des réformes de Colbert en ce genre a fourni de très bonnes pages à M. Clément. Je regrette de ne pouvoir reproduire ici les piquants détails qu'il donne sur les *ordonnances de comptant*, qui formaient le chapitre des dépenses secrètes sous l'ancien régime : liste civile des espions, des intrigants, des flatteurs et des maîtresses ; source de corruption et de scandales, qui, malgré les sages précautions introduites par Colbert, creusa l'abîme où disparut cent vingt ans plus tard la monarchie de Louis XIV. En somme, l'étude de notre état financier jusqu'à la révolution de 1789 est la condamnation du gouvernement absolu. Il ne faut pas s'aveugler sur l'exiguïté des chiffres dans les anciens budgets, et, de ce que le total des recettes est dix fois plus élevé aujourd'hui que sous Louis XIV, conclure que les charges personnelles sont devenues beaucoup plus considérables. Nombre de dépenses nécessaires qui sont faites à présent par l'entremise de l'état étaient accomplies directement autrefois par les particuliers ou par des institutions spéciales ; mais le sacrifice n'en retombait pas moins à la charge du public. Ainsi le budget de 1683, année de la mort de Colbert, présente une recette brute d'environ 113 millions pour une dépense réglée à 115 millions ; mais, à cette époque, le paiement des rentes qui absorbe aujourd'hui 360 millions, était fort incertain, et n'inquiétait guère le gouvernement ; on trouvait aisément le moyen de suspendre ou de réduire le paiement quand le trésor éprouvait des embarras. La magistrature, dont les honoraires ne figuraient pas au budget, s'indemnisait aux dépens des plaideurs. Les cultes qui nous coûtent près de 40 millions, l'instruction publique qui dépense 17 millions, étaient desservis autrefois au moyen des biens considérables immobilisés en faveur du clergé et de l'université, biens exemptés de l'impôt et stériles pour le trésor national. Le service des ponts-et-chaussées, remplacé par les corvées, coûtait beaucoup plus cher aux paysans que de nos jours. Les frais de régie financière, la perception des impôts et revenus qui figure aujourd'hui au budget des dépenses pour plus de 150 millions, restaient jadis au compte des compagnies qui affermaient les revenus de l'état, et il est certain que les traitants, désespoir des populations, étaient bien plus onéreux que les commis, trop nombreux sans doute, de notre administration moderne des finances. Le chiffre de nos dépenses est chaque année gonflé d'une manière fictive par les remboursements et les restitutions que nos comptables inscrivent pour ordre au passif ; mais cet article, qui dépasse 60 millions, ne constitue pas une charge réelle pour les contribuables, puisqu'on leur rend d'une main ce qu'on vient de recevoir de l'autre. Enfin, si l'on met en balance la valeur relative de l'argent aux deux époques, on reconnaîtra que l'impôt sous Louis XIV était au moins aussi lourd pour la classe laborieuse que sous le gouvernement constitutionnel.

C'est surtout comme organisateur de l'industrie et du commerce que Colbert a donné prise aux attaques systématiques. Ouvrez les traités, les histoires de l'économie politique, vous y verrez que la prétention de protéger l'industrie nationale par l'exclusion des produits étrangers est un système imaginé par Colbert. Le ton que prend M. Clément en parlant du *colbertisme* semble confirmer sur ce point les idées vulgairement admises. On serait plus disposé à l'indulgence pour le ministre de Louis XIV, si l'on connaissait mieux les mœurs commerciales du XVIIe siècle : on verrait que le système protecteur était préconisé depuis longtemps par les publicistes, déjà mis en pratique par la plupart des nations voisines, et que la France, en l'organisant à son tour, se constituait pour ainsi dire en état de légitime défense. Je ne crains pas de trop m'étendre sur un sujet qui est à l'ordre du jour. Je puise la plupart de mes renseignements dans un livre rare et peu connu, écrit sous la minorité de Louis XIII.[1]

Le pays qui trouve son compte aujourd'hui à préconiser la liberté des échanges ne se contenta pas d'inventer le régime prohibitif ; il en fit l'essai de la manière la plus brutale. Dès le XVe siècle, l'Angleterre avait prohibé la sortie de diverses matières propres à alimenter les fabriques étrangères, et notamment des laines et des peaux de mouton. A l'époque où écrivait Montchrestien, la défense venait d'être levée en faveur d'une compagnie, mais maintenue avec un redoublement de sévérité à l'égard des Français. La contravention à cet ordre attirait sur le coupable un châtiment très sévère : en Irlande, un marchand étranger atteint et convaincu d'avoir acheté des laines pour l'exportation aurait eu le bras coupé. Les marchandises dont la sortie n'était pas prohibée, comme l'étain, subissaient un droit porté au double pour les étrangers que pour les négociants du pays. Tous les draps français, sans exception, étaient repoussés par l'Angleterre. « Au contraire, dit Montchrestien, les Anglais apportent en France en pleine liberté toutes et telles draperies qu'il leur plaît, voire en si grande quantité que nos ouvriers sont maintenant contraints de prendre un autre métier, et bien sou-

---

1 *Traité d'Économie politique*, dédié au roi et à la reine-mère, par Antoine de Montchrestien, sieur de Vatteville (Rouen, 1615, in-4°). A la suite du volume que j'ai dans les mains est un autre ouvrage sans autre indication qu'un faux-titre, avec ces deux mots : *Du Commerce* ; c'est un discours de deux cents pages in-4°, avec une pagination séparée, mais de même impression, de même date, et probablement du même auteur que le précédent. Ces deux discours, écrits à une époque où la science économique n'était pas faite, n'ont pas la forme dogmatique, mais ils abondent en renseignements sur l'administration du temps. Remarquons, à titre de singularité, que Montchrestien, le vénérable ancêtre de nos économistes, a eu également l'honneur d'être un des prédécesseurs de Corneille. Huit tragédies de sa façon ont été jouées à l'Hôtel de Bourgogne et recueillies en un volume in-4°, réimprimé jusqu'à trois fois.

André Cochut

vent de mendier leur pain. » Tout article que la fabrique nationale avait facilité de reproduire était brutalement chassé du marché : la mercerie, qui comprenait un grand nombre d'objets de toilette, spécialité parisienne justement renommée jusqu'alors, avait été ainsi frappée d'exclusion. Les coups de la prohibition étaient arbitraires ; c'étaient des avanies à la manière turque, qu'on ne pouvait prévoir ni éviter, et qui tombaient sur nos commerçants avec une sorte de préférence. Non-seulement les marchandises françaises, mais le Français lui-même était tarifé dans les bureaux des douanes britanniques : il devait payer cinq sols à l'entrée et trente sols à la sortie, indépendamment d'un impôt spécial, s'il fondait un établissement dans le pays. L'autorité anglaise ne permettait pas à nos compatriotes de trafiquer en chambre, ce que les insulaires faisaient le plus ordinairement chez nous. Défense était faite aux Français de vendre ou d'acheter dans les foires ; ils ne devaient contracter qu'avec des bourgeois domiciliés, et pour certaines denrées, avec des compagnies privilégiées. Ainsi, au lieu de vendre les vins directement aux taverniers ou aux consommateurs, les négociants français ne pouvaient traiter qu'avec une compagnie spéciale, qui abusait scandaleusement de son monopole pour faire la loi aux vendeurs. Bien plus, le pourvoyeur de la cour avait droit de descendre, au nom du roi, dans les caves de nos marchands et de faire son choix avant tout autre acheteur, en dictant lui-même les prix selon sa conscience ! Il serait trop long d'énumérer toutes les tracasseries, les subterfuges, les exactions subies par le commerce français ; je citerai seulement un dernier trait. Nos bâtiments ne pouvaient charger dans les ports britanniques qu'à défaut de concurrence anglaise, et, s'il arrivait parfois qu'après un chargement effectué par un équipage français un capitaine anglais se présentât pour la même destination, on faisait décharger le premier bâtiment au profit du second. Or, quelle était, à la même époque, la situation du commerce anglais en France ? Le vieil économiste à qui j'emprunte ce tableau résume ainsi le contraste « Les Anglais prohibent toute marchandise comme il leur plaît et quand il leur plaît ; au contraire, tout leur est permis en France, tout leur est libre en tout temps… ils ont en notre royaume tous et tels droits que nous, et bien souvent y sont plus favorablement traités.

La France était également une terre de liberté pour les Espagnols, tandis que les Français avaient à subir dans la Péninsule les tracasseries d'une police fanatique et rapace. Les droits perçus à l'entrée et a la sortie n'y étaient pas combinés, comme en Angleterre, dans le but de favoriser l'industrie nationale : le gouvernement espagnol ne songeait qu'à remplir ses coffres ; ces droits n'en étaient pas moins révoltants, surtout par comparaison avec le tarif des douanes françaises. Ainsi, tandis que la France se contentait de prélever sur les achats et les ventes un droit moyen de 2 et demi pour 100 sur les valeurs déclarées, la douane espagnole s'attribuait en moyenne sur les mêmes échanges un droit de 10 à 20 pour 100. Un fait dont je retrouve la trace dans les mêmes documents mérite d'être signalé comme un exemple des funestes conséquences d'une erreur économique. Après le règne de Philippe II, le gouvernement espagnol ne s'expliquait l'appauvrissement phénoménal du pays que par la constante exportation des métaux précieux. En conséquence, il prohiba, sous les peines les plus sévères, la sortie de l'or et de l'argent, bien qu'ils fussent le principal objet d'échange pour les possesseurs des mines du Nouveau-Monde. Ayant ainsi stérilisé sa plus féconde industrie, l'Espagne, réduite à acheter en France les marchandises nécessaires à ses colonies maritimes, fut obligée de donner en retour les denrées souvent indispensables à sa population métropolitaine, ses vins, ses huiles, ses fruits, ses laines, ses cuirs. Or, ces denrées que les Français ne prenaient qu'à vil prix, parce qu'ils ne les acceptaient qu'à contrecœur, devenaient rares dans la péninsule, et y atteignaient un prix d'autant plus élevé que les métaux précieux, dont l'écoulement naturel était suspendu, s'avilissaient par leur abondance. Malgré la défense, nos marchands emportaient bien quelquefois les doublons espagnols ; mais, suivant le vieux témoin que j'interroge, ce genre de contrebande était excessivement dangereux, de sorte qu'en résumé le commerce de la France avec l'Espagne, longtemps avantageux aux deux pays, était devenu plein de déceptions et de périls.

Entre la Hollande et la France, les relations n'étaient gênées, avant Colbert, par aucune mesure vexatoire. Les tarifs hollandais, combinés d'après les besoins toujours croissants d'une république menacée, n'avaient pas du moins le caractère d'une prohibition systématique ; mais, avec son capital déjà prépondérant et ses institutions mercantiles, avec la vigilance et l'âpreté de ses négociants, la

Hollande avait tout avantage à cette liberté réciproque. Sans avoir précisément à se plaindre, le commerce français voyait avec envie les spéculateurs bataves s'insinuer partout, profiter de toutes les fautes de leurs rivaux. On comparait l'inertie de l'administration française avec l'habileté des marchands qui gouvernaient la république. On déplorait, par exemple, la ruine de nos pêcheries, qui, envahies subtilement par les Hollandais, étaient devenues, suivant une expression proverbiale, le Pérou des Provinces-Unies.

Entre ces concurrents jaloux et perfides, le commerce français, avant Colbert, sans direction, sans surveillance de la part de l'autorité, se trouvait évidemment désarmé. Les péages intérieurs, multipliés sous les dénominations les plus bizarres, surchargeaient le prix des marchandises au point de nuire considérablement à l'exportation. Quant à ce qu'on appelait les *traites foraines*, c'est-à-dire les droits perçus à l'entrée ou à la sortie du royaume, ils étaient d'invention assez récente. Formé lentement par le démembrement des principautés féodales, le domaine monarchique, le royaume proprement dit, n'avait eu que des frontières mobiles. A l'exception de quelques édits rendus, au moyen-âge, pour empêcher la sortie des matières premières ; d'un droit frappé, en 1393, sur les tissus de Flandre ; de quelques taxes établies arbitrairement sur les drogueries, les épiceries et les étoffes de luxe, on s'abstint, jusqu'au règne de Henri III, d'intervenir dans les échanges avec l'étranger. En 1581 parut le premier édit qui atteignit dans son ensemble le commerce extérieur. Un léger droit de 2 pour 100 sur les valeurs déclarées fut frappé, sans distinction, sur les marchandises introduites en France. En 1621, on multiplia les bureaux de douanes, afin d'affermer ce genre de revenu avec plus d'avantage ; mais beaucoup de provinces, et surtout celles qui étaient nouvellement incorporées, se refusèrent à cet arrangement. Cette résistance, qu'on n'essaya pas de vaincre, subdivisa le royaume en provinces dites des *cinq grosses fermes*, et en provinces considérées comme étrangères, parce qu'elles prétendaient conserver leurs anciennes coutumes en matière d'impôts.

Il résulte de cet aperçu que l'industrie française, avant Colbert, était écrasée par des charges considérables, et que l'impôt, au lieu d'être combiné dans un intérêt national, suivant l'exemple donné déjà par les étrangers, tendait à favoriser les concurrents de la France plutôt que les Français eux-mêmes. Il paraît que, pour racheter le désavantage de leur situation, nos fabricants eurent la déplorable idée d'obtenir le bon marché par des manœuvres frauduleuses. « Je pense, dit à ce sujet Isaac de Laffemas, le redoutable conseiller de Richelieu, je pense avoir lu dans les mémoires de mon père, qui parlent des abus des marchandises et des manufactures, que les cuirs ont été tellement altérés de leur bonté, que ceux qui s'en voulaient fournir en France ont été contraints de s'en fournir ailleurs. » Beaucoup d'autres objets d'exportation furent signalés comme ordinairement falsifiés. Le remède était beaucoup plus dangereux que le mal. Nos produits tombèrent en discrédit sur les marchés lointains. Bien que le commerce français fût encore très important sous le règne de Louis XIII, on le considérait comme déchu par comparaison avec l'activité de la période précédente. On se rappelait tristement qu'au XVIe siècle les tisserands et les teinturiers français étaient universellement estimés ; que les toiles de Normandie, de Bretagne et de Poitou, ne craignaient pas la concurrence des Pays-Bas ; que les soieries de Lyon et de Tours avaient cours comme celles de l'Italie. On se demandait pourquoi on était réduit à acheter pour 800,000 livres de faux en Allemagne, tandis qu'auparavant les seules forges de la Bourgogne et du Nivernais, les seuls ateliers de Saint-Étienne, où l'on comptait soixante mille taillandiers, envoyaient des outils dans les plus lointaines contrées du monde. On commençait à craindre les effets de la concurrence pour l'industrie de nos trois mille gentilshommes verriers, pour les orfèvres parisiens, pour les belles papeteries de l'Auvergne menacées par la Hollande, pour l'imprimerie et la librairie, qui déjà occupaient cinquante mille personnes dans le royaume. Organes de l'opinion publique, ceux qui faisaient entendre ces doléances semblaient d'accord pour réclamer les mesures qui devaient être réalisées par Colbert. Les deux Laffemas, Montchrestien, et, plus tard, Savary le père, demandaient. des taxes prohibitives à l'exemple des nations étrangères, des lois protectrices pour notre marine marchande, une surveillance destinée à prévenir les fraudes qui déshonoraient notre commerce, l'établissement des haras, divers encouragements pour l'industrie.[1] La guerre de trente ans et les

---

1 On a cité, comme opposée aux principes de Colbert, une pièce très curieuse conservée par Forbonnais, les *Très humbles remontrances des six corps de marchands de Paris en 1654*, à l'occasion de l'élévation des droits de douane : mais il s'agissait alors

troubles de la fronde ne permirent pas aux hommes d'état de songer aux institutions pacifiques. Richelieu et Mazarin ne vécurent que d'expédients financiers ; ils épuisèrent littéralement le pays pour soutenir sur les champs de bataille leur glorieuse politique, ou pour gagner par des largesses leurs ennemis personnels. La vanité fastueuse de Fouquet poussa le gaspillage aux derniers excès. Dans le calme réparateur qui suivit la paix des Pyrénées, on sentit le besoin d'un nouveau but d'activité. Le temps était venu de songer à ce qu'on appelle aujourd'hui les intérêts matériels. Colbert entrait donc au ministère avec un programme tracé, pour ainsi dire, par le vœu public : il réunissait toutes les qualités nécessaires pour l'exécuter.

A ce point de vue, l'opinion traditionnelle sur Colbert se modifie. On trouve une sévérité injuste dans le jugement de son nouvel historien, qui le déclare « homme de détails et d'action, n'ayant ni le coup d'œil assez élevé, ni le génie nécessaire pour découvrir les vices du système où il s'était si résolument engagé. » Le prétendu système du ministre de Louis XIV était tout simplement l'expérience et la pratique générale de son temps. Pour être un grand administrateur, il n'est pas nécessaire de devancer les âges et de pressentir ce que les siècles futurs préconiseront comme le dernier terme du progrès : mieux vaut comprendre son époque et réaliser franchement les améliorations qu'elle comporte. En présence des nations rivales qui prospéraient sous l'empire des lois prohibitives, Colbert entreprit d'affermir l'industrie française sur les mêmes bases : se fût-il élevé jusqu'à la conception de la liberté commerciale, il y aurait eu folie de sa part à la mettre en pratique sans espoir d'une équitable réciprocité. Si le mot de *colbertisme* est resté consacré dans l'histoire de la science, ce n'est pas que l'idée d'écarter la concurrence étrangère au moyen des douanes ait été introduite par Colbert c'est parce que ce grand ministre, résumant les doctrines en crédit, maniant les hommes et les choses avec une

d'une surtaxe excessive frappée à tort et à travers sur toutes les entrées et les sorties, au grand préjudice du commerce, et non pas d'une application systématique des droits protecteurs. Forbonnais lui-même, qui désapprouvait l'élévation désordonnée des droits perçus aux frontières, n'a eu que des éloges pour le tarif protecteur de 1667. Il est à remarquer qu'anciennement on blâmait dans les *traites foraines* l'élément fiscal, mais qu'on approuvait l'élément prohibitif à titre de protection. Le contraire a lieu aujourd'hui : les économistes admettent un droit de douane comme nécessité fiscale, et repoussent toute surtaxe prohibitive.

puissance de volonté extraordinaire, a donné aux mesures prohibitives l'enchaînement et la solidité d'un système.

La réforme industrielle embrassa trois points : 1° renouvellement des corporations d'artisans, de manière à relâcher les entraves qui paralysaient les travailleurs, tout en conservant une forte discipline ; 2° surveillance des produits des manufactures, surtout en ce qui concernait la longueur, la largeur, la teinture et la qualité des étoffes, dans l'espoir de corriger les habitudes frauduleuses qui nuisaient au commerce français sur les marchés étrangers ; 3° tarif de douane, combiné de manière à favoriser la sortie des productions naturelles à la France, à attirer les matières propres à alimenter l'activité intérieure, et à repousser par des droits élevés les produits similaires des ateliers étrangers. Il ne résulte pas des critiques de M. Clément que Colbert, en reconstituant les anciennes maîtrises, ait aggravé la condition des simples artisans. Ceux qui, du haut de leurs principes absolus, blâment le réformateur de n'avoir pas affranchi complètement les ateliers, oublient qu'à la même époque la république de Venise faisait assassiner les fabricants qui s'établissaient à l'étranger, qu'en Angleterre l'expatriation des ouvriers était punie par des peines corporelles. Quant aux innombrables règlemens qui avaient pour but de diriger ou de surveiller certaines fabrications, il faudrait savoir, avant d'en juger l'opportunité, jusqu'à quel point les fraudes ou la maladresse des ateliers nationaux avaient rendu ces précautions nécessaires.

La pensée industrielle de Colbert se révèle dans les deux tarifs de douane, publiés à trois années d'intervalle, en 1664 et 1667. Frappé de la multitude et de la diversité des péages, Colbert aurait voulu établir l'uniformité des droits, et reculer les lignes de douane jusqu'aux véritables frontières du royaume ; mais beaucoup de provinces tenaient aux lignes fiscales qui les isolaient des provinces voisines, comme aux remparts de leur indépendance. Le pouvoir royal n'osa pas violenter les états provinciaux, et recula devant l'importante réforme dont l'accomplissement était réservé à la démocratie triomphante. L'édit de septembre 1664, « portant réduction et diminution des droits des sorties et des entrées, avec la suppression de plusieurs autres droits, » ne fut reçu que dans les pays auxquels on conserva l'ancienne dénomination des *cinq grosses fermes*. Deux catégories s'établirent dans les autres contrées :

André Cochut

on distingua les *provinces réputées étrangères*, qui, sans accéder au tarif de 1664, conservèrent une multitude de taxes locales, attribuées en grande partie au fisc royal, et les *provinces traitées comme pays étrangers*, libres dans leurs rapports commerciaux avec les nations extérieures, mais soumises, à l'égard de leurs compatriotes, à toutes les exclusions, à toutes les charges qui frappaient les peuples étrangers.[1] Le tarif de 1664, réalisant l'uniformité des taxes autant que les passions locales le permettaient, établissant l'impôt sur des bases modérées, instituant un mode de perception plus simple et plus loyal, fut généralement approuvé.

Mais le ministre n'avait pas livré toute sa pensée. Le 18 avril 1667 parait, sous forme de simple déclaration destinée à interpréter le tarif précédent, une ordonnance de laquelle doit sortir une révolution commerciale et par suite une guerre mémorable. Sous prétexte de quelques vices à réformer dans l'équilibre des droits à l'entrée des marchandises d'origine étrangère et à la sortie des matières premières, on lance un nouveau tarif dont les chiffres, échelonnés avec beaucoup d'habileté dans les proportions de 1, 3, 5, 7 1/2, 10 et 20 pour 100 sur la valeur, équivalent en beaucoup de cas à une complète prohibition. Les articles directement menacés sont ceux que fabriquent avec le plus de succès l'Angleterre et la Hollande : draperies, bonneteries, tapisseries, cuirs façonnés, toiles, dentelles, sucres, glaces, ustensiles de fer-blanc. Les draps, taxés en 1664 à 40 livres par pièce de 25 aunes, sont portés à 80 livres ; les tapisseries de Hollande s'élèvent de 120 à 200 livres le cent pesant ; les toiles de Hollande et de Flandre, de 2 à 4 livres par pièce de 15 aunes ; les dentelles de Flandre ou d'Angleterre, de 25 à 60 livres. En même temps qu'on frappe d'exclusion les industries rivales, on croit faciliter l'écoulement des produits du sol français en réduisant les droits de sortie : le dégrèvement porte particulièrement sur certaines qualités de nos vins. La chimère du ministre est celle du siècle : il croit qu'on ne s'enrichit qu'en vendant beaucoup et

1 *Provinces des cinq grosses fermes* : Normandie, Picardie, Champagne, Bourgogne, Bresse, Bugey, Bourbonnais, Poitou, pays d'Aunis, Anjou, Maine, sans compter d'autres provinces enfermées dans le rayon des précédentes, comme le Soissonnais, la Beauce, la Touraine, l'Ile-de-France, le Perche, etc. *Provinces réputées étrangères* : Bretagne, Angoumois, Marche, Auvergne, Guienne Périgord, Languedoc, Provence, Dauphiné, Flandre, Artois, Hainaut et Franche-Comté. *Provinces traitées comme pays étrangers* ; Alsace, Lorraine avec les Trois-Evêchés, le pays de Gex et plusieurs ports francs, Marseille, Dunkerque, Bayonne, Lorient.

en achetant le moins possible, et que le pays le plus riche est celui qui possède une plus grande abondance de métaux précieux. La comparaison des totaux de l'importation et de l'exportation devient à ses yeux une *balance politique* au moyen de laquelle on doit peser exactement les bénéfices d'un pays. Il ne sait pas (qui le savait de son temps ?) qu'il est impossible de vendre sans acheter, que l'étranger qui solde un échange avec de l'or livre lui-même son métal précieux à titre de marchandise, et que cette marchandise perfide, mesure élastique de toutes les autres valeurs, perd de son prix lorsqu'on l'amoncelle dans un pays sans consulter les besoins naturels de la circulation.

La prétention de protéger l'industrie par le mécanisme des tarifs était si bien dans les idées du temps, que l'Europe ne sentit pas aussitôt la portée de l'édit de 1667. Atteints directement, les Hollandais seuls jetèrent le cri d'alarme. Ils dépêchèrent à Paris le plus habile de leurs négociateurs, Van Beuningen, échevin d'Amsterdam, qui avait, selon Voltaire, la vivacité d'un Français et la fierté d'un Espagnol. Les ruses les plus subtiles de la diplomatie, menées avec autant de fermeté que de circonspection, échouèrent devant la conviction inébranlable du ministre. Colbert croyait n'avoir pas besoin de ménager les Hollandais, précisément parce que le train des affaires entre le royaume et la petite république était considérable. L'exportation de la France pour la Hollande, qui aujourd'hui flotte entre 13 et 18 millions de francs, était douze à quatorze fois plus forte il y a deux siècles. Les envois de 1658 montèrent à 72 millions de livres, somme qui représenterait aujourd'hui plus de 200 millions de francs. Ce n'était pas, on le pense bien, pour sa propre consommation que la république faisait ces achats considérables. Les Hollandais, voués à ce qu'on appelait alors le *commerce d'économie*, qui consistait à acheter pour revendre en spéculant sur les transports, étaient les entrepositaires et les fournisseurs du monde entier. Colbert espérait leur enlever le monopole de ce trafic, et, par la vente directe aux nations lointaines, réaliser le bénéfice en fournissant un nouvel élément d'activité à la marine française ; mais il avait affaire à une nation rusée et tenace, faible en apparence, puissante en réalité par l'immensité de son capital disponible. Une compagnie de commerce, instituée par Colbert pour exploiter directement les pays du nord, fut neutralisée. Di-

André Cochut

vers obstacles surgirent sous les pas du ministre français ; enfin, le temps des représailles ouvertes étant venu, les Hollandais frappèrent d'une surtaxe considérable les vins, les eaux-de-vie et divers articles de nos manufactures.

Ce défi, jeté par un conseil de marchands, parut aux courtisans du grand roi un crime de lèse-majesté. L'invasion de la Hollande fut résolue. Louis XIV effectua ce trop fameux passage du Rhin, à peine disputé par quelques centaines de cavaliers et deux régiments d'infanterie sans canons. On connaît l'issue de cette guerre inique. Louvois, dont la faveur dominait dans les conseils la sagesse éprouvée de Condé, de Turenne et de Vauban, dicta aux vaincus des conditions intolérables : il eût voulu que, chaque année, la Hollande envoyât à Louis XIV une médaille d'or en signe de soumission. Cette exigence, inepte autant qu'arrogante, sauva la Hollande. Le gouvernement populaire, qui avait compromis le pays sans savoir le défendre, succomba dans une crise sanglante. Le prince d'Orange, exploitant les sympathies religieuses et les intérêts commerciaux de l'Angleterre, ralliant les ennemis naturels de Louis XIV, donna à une guerre de tarifs une importance européenne. Après cinq années de lutte, la France, victorieuse de la coalition, dicta fièrement la paix. Le traité de Nimègue lui donna la Franche-Comté, Cambrai, Valenciennes, Fribourg et plusieurs autres places. Ce furent ainsi les vieilles monarchies, l'empire et l'Espagne, qui payèrent les frais de la guerre. La Hollande, sans rien perdre de sa souveraineté territoriale, resta triomphante sur le terrain des intérêts commerciaux : elle obtint, par l'article 7 du traité de Nimègue, l'abrogation de ce fameux tarif de 1667, et le retour au tarif modéré de 1664.

Avec le caractère qu'on lui connaît, Colbert dut être cruellement humilié du sacrifice de son œuvre. Son but était du moins atteint en partie. Des manufactures, sur la prospérité desquelles il s'abusait, avaient pris position en France. Il faut bien croire après tout que les résultats furent moins déplorables qu'on voudrait le faire croire aujourd'hui, puisque l'exemple donné par le ministre de Louis XIV pour la protection de l'industrie intérieure s'éleva à la hauteur d'un principe, et qu'il fut appliqué par toutes les nations européennes. A la place d'un ministre dévoré par son zèle, et poussant jusqu'à la tracasserie le besoin de protéger et d'améliorer ; eût-il été préférable pour la France d'avoir un tuteur inerte, abandonnant la population industrielle à ses instincts ? Quoique partisan, en principe, de la liberté des échanges, quoique touché des excellentes raisons que les théoriciens produisent contre les déceptions du régime protecteur, je n'ose donner à mon jugement une tendance rétroactive, et me joindre à M. Clément pour blâmer Colbert. L'économie politique, procédé d'analyse appliqué à des matières essentiellement variables, doit se défier des axiomes absolus. Chaque système a ses abus et ses dangers. On a ressenti les vices de la prohibition et des entraves réglementaires ; on n'a pas encore expérimenté les dérèglements de la liberté. Ne se trouve-t-il pas déjà des esprits distingués qui sollicitent, comme un progrès, un retour intelligent vers plusieurs des principes de Colbert ? On a reproduit récemment, dans l'intérêt des ouvriers, des programmes de corporations. Les innombrables plans pour l'organisation du travail ne sont que des protestations contre le système de la concurrence illimitée. Quelques publicistes, d'accord avec les négociants probes, demandent qu'on organise une inspection des marchandises destinées au commerce extérieur. Quant aux douanes protectrices, il est incontestable qu'elles ont eu leur utilité. A ce sujet, M. Clément, partisan déclaré du libre commerce, est conduit plus d'une fois à se mettre en contradiction avec ses théories : « Le colbertisme, avoue-t-il, a *puissamment contribué* à mettre la France au premier rang des nations manufacturières du globe. » M. Clément ajoute, il est vrai : « Quant à l'influence exercée sur la classe agricole et sur le développement de la richesse nationale, l'examen attentif et approfondi des faits démontrera, je crois, qu'elle fut loin d'être aussi heureuse que Colbert avait espéré, et qu'on le croit communément. » L'agriculture, en effet, eut beaucoup à souffrir sous le règne de Louis XIV ; mais serait-il juste d'attribuer exclusivement son malaise au régime industriel de Colbert ? L'assiette de l'impôt, la sécurité politique, le chiffre de la population, sont les principales circonstances qui influent sur l'exploitation du sol. Ces circonstances n'étaient rien moins que favorables pendant la seconde partie du XVIIe siècle. Au siècle suivant, les principes de Colbert, encore en vigueur, n'empêchèrent pas notre agriculture de devenir très florissante. Quoique la sortie des grains restât prohibée en France jusqu'en 1764, et qu'au contraire elle fût encouragée en

André Cochut

Angleterre par des primes, l'extension et les progrès de la culture s'accomplirent parallèlement dans les deux pays : à Paris comme à Londres, l'abondance des produits abaissa le prix des grains,[1] et détermina un notable accroissement de la population. Avant 1789, en plein colbertisme, les exportations de notre industrie agricole étaient beaucoup plus considérables qu'elles ne le sont aujourd'hui.

Amelot de La Houssaie raconte que Colbert, ayant convoqué les principaux marchands de Paris pour conférer avec eux sur le commerce, les invita à parler librement, ajoutant que celui qui montrerait le plus de franchise serait le meilleur serviteur du roi et le meilleur ami du ministre. « Monseigneur, dit alors un Orléanais nommé Hazon, puisque vous nous le commandez, je vous dirai franchement que, lorsque vous êtes venu au ministère, vous avez trouvé le chariot renversé d'un côté, et que, depuis que vous y êtes, vous ne l'avez relevé que pour le renverser de l'autre. » Cette anecdote n'a pas la portée qu'on lui attribue, car on ne sait pas à laquelle des réformes de Colbert la réponse de l'Orléanais se rapportait. Si maître Hazon a fait allusion au système prohibitif, on peut ajouter que son bon sens bourgeois a résolu le problème. Pour que le char de l'industrie avance, il faut qu'on le sache guider droit et ferme, selon les temps et les lieux, entre les abus du monopole et les dangers d'une excessive liberté.

Comme ministre de la marine, la gloire de Colbert est incontestée. Les troubles de la fronde avaient désorganisé tous les services publics. La marine française, relevée un instant par les efforts de Richelieu, n'avait plus dix vaisseaux de 50 canons à mettre en mer de 1648 à 1654. Colbert trouva tout à faire. Ses institutions, qui embrassent le personnel, le matériel de guerre, les approvisionnements, la jurisprudence maritime, sont encore aujourd'hui la base de notre puissance navale. Le régime brutal de la *presse maritime*, auquel l'Angleterre n'a renoncé qu'en 1835, avait été jusqu'au règne de Louis XIV le seul mode de recrutement connu chez nous. Le régime de l'*inscription* et de la distribution par *classes* des populations du littoral vouées par instinct et par nécessité au métier de la mer régularisa le service de la marine royale, sans préjudice

1 Il est très remarquable que dans les deux pays, sous des lois opposées, le prix des grains se soit abaissé dans une proportion qui ne s'est presque jamais démentie. On peut consulter à ce sujet les calculs de Messance dans ses consciencieuses *Recherches sur la population*.

pour la marine marchande, sans abus de pouvoir à l'égard des marins enrôlés. Le code maritime (ordonnance de 1681), élaboré par une commission sous les yeux du ministre, excita une admiration générale et sincère, puisque les peuples rivaux de la France s'empressèrent de l'adopter. Enfin le plus beau titre de Colbert à la reconnaissance du pays, ce n'est pas seulement d'avoir créé une flotte formidable pour son temps : c'est surtout d'avoir su inspirer à la jeune noblesse la passion de la mer, l'orgueil du pavillon national ; c'est d'avoir provoqué par l'ardeur de sa volonté les actions d'éclat qui honorent le plus nos annales maritimes ; c'est d'avoir appris à la France qu'elle peut, si elle le veut, prendre rang sur mer parmi les puissances de premier ordre.

Notre marine marchande, à peu près nulle avant Louis XIV, se développa, comme l'industrie, sous la protection d'un droit différentiel. Les Anglais faisaient respecter par des victoires leur fameux acte de navigation, principe évident de leur supériorité maritime. Cet acte est l'exclusion violente et à peu près générale de la concurrence étrangère, en ce qui concerne les transports. Défense absolue à tous les bâtiments dont les propriétaires et les trois quarts de l'équipage ne seraient pas sujets britanniques, de commercer dans les ports de la métropole ou des colonies ; défense d'y faire le cabotage ; défense aux étrangers d'importer la plupart des matières encombrantes ; défense même aux nationaux d'introduire les denrées ou marchandises qui ne sont pas tirées directement du pays qui les produit : est-il possible de porter une atteinte plus brutale à la liberté des transactions ? Cette fois encore, la France eut sur sa rivale l'avantage de la modération. A la fin du XVIe siècle, nos navires étaient molestés et soumis à des taxes arbitraires dans la plupart des ports étrangers, et comme, au contraire, aucun obstacle à la navigation n'existait chez nous, nos côtes étaient couvertes d'embarcations étrangères, qui avaient à peu près monopolisé le cabotage. Malgré l'avis de Sully et malgré l'opposition des parlements, Henri IV voulut que les navires étrangers eussent à subir chez nous les mêmes taxes et les mêmes traitements qui nous étaient infligés chez eux. Une disposition si vaguement conçue ne dut pas rester longtemps en vigueur. Vers le milieu du siècle, les Hollandais avaient reconquis chez nous, comme dans presque toutes les contrées de l'Europe, le monopole des transports maritimes ; ils

André Cochut

possédaient, assure-t-on, dix-huit mille bâtiments, sur les vingt mille qui faisaient le commerce du globe. Ce fut alors que, sur l'avis de Fouquet, on assujettit à un droit de 50 sols par tonneau les navires étrangers qui aborderaient dans les ports de France pour y faire le négoce ou le cabotage. Cette mesure frappait la Hollande dans son intérêt le plus cher, dans ce commerce d'économie qui était son école nationale. Tous les efforts que fit la république pour obtenir le rétablissement de la liberté primitive furent neutralisés par la volonté de Colbert : l'abandon des 50 sols par tonneau ne fut arraché à la France qu'à la paix de Ryswick ; mais déjà le régime protecteur avait porté ses fruits. La marine marchande, que Colbert avait trouvée dans un état d'infériorité humiliante, avait eu le temps de prendre un développement très respectable. L'évidence de ce résultat est telle, que M. Clément ne peut refuser sa franche approbation à Colbert.

En dehors de ces trois catégories principales, finances, commerce, marine, Colbert eut à mener de front des affaires si importantes, si nombreuses, si variées, qu'elles eussent suffi pour accabler un homme ordinaire. Sans entreprendre une énumération complète en m'aidant des consciencieuses recherches de M. Clément, je rappellerai, que, comme tuteur des intérêts matériels, Colbert régularisa l'institution des consulats et des chambres de commerce créées sous Henri IV, fonda chez nous les premiers entrepôts, encouragea les assurances maritimes par la fondation d'une compagnie marseillaise sur le modèle de celle qui existait déjà à Paris, préluda à la réforme des poids et mesures en établissant du moins l'uniformité dans les ports et les arsenaux, améliora la fabrication des monnaies. Le rétablissement des haras par l'achat des étalons en Angleterre, en Allemagne, en Afrique, l'introduction des béliers de bonne race, la défense de saisir le bétail du paysan pour le paiement des taxes publiques, l'essai d'un cadastre que des réclamations locales firent abandonner, justifient le ministre du reproche d'avoir négligé l'agriculture. L'édit de 1669, « portant règlement général pour les eaux et forêts, » institua l'inspection de ce service, dicta pour la conservation et l'aménagement des bois, surtout dans l'intérêt de notre marine, un mode qui fit loi jusqu'en 1827, et dont on est forcé d'admirer la prévoyance, à mesure qu'on découvre les inconvénients de notre nouveau code forestier. Averti par son bon instinct, Colbert régularisa le service des postes, abaissa le tarif de la manière la plus libérale en ne conservant que quatre taxes de 2 à 5 sols, avec une augmentation légèrement progressive quand la feuille était double. A ce compte, une lettre surchargée, qui eût payé pour la plus grande distance 10 sols, ou environ 1 fr. 50 cent. de notre monnaie, paierait 4 fr. 80 cent aujourd'hui.

Partisan naïf du despotisme royal, serviteur personnellement dévoué à Louis XIV, Colbert avait à cœur de fonder l'unité monarchique sur l'uniformité des lois comme sur celle des mœurs. Quoiqu'il ne fût pas jurisconsulte, il provoqua et surveilla la refonte des coutumes locales en un seul corps de législation. Il eût été agréable à l'homme du roi de faire élaborer secrètement le projet, et de le convertir en ordonnance qu'on aurait fait enregistrer par le parlement dans un lit de justice, afin de montrer au peuple que toute justice comme toute puissance émanait de la royauté. Le conseiller Pussort, oncle du ministre, avait même été chargé déjà du travail préparatoire. Le président de Lamoignon déjoua cette flatterie, en proposant au roi, de la part du parlement, ce que Colbert voulait accomplir de son chef. Il eût été peu prudent de refuser le concours du parlement. Une commission choisie parmi les hommes les plus éclairés de l'administration et de la magistrature procéda à la refonte des anciennes lois civiles. Pareilles mesures furent prises successivement pour la procédure criminelle et la jurisprudence commerciale. Colbert assista à ces conférences et s'y distingua sans doute par l'autorité du bon sens, comme plus tard brilla Napoléon par des éclairs de génie, lorsque le conseil d'état eut à remanier l'œuvre patronée par Colbert. L'ordonnance de 1666 pour la réformation de la justice civile, celle de 1670 pour la justice criminelle, et celle de 1673 concernant le commerce, régirent la nation française jusqu'à la promulgation des codes en vigueur aujourd'hui. La création d'une lieutenance de police à Paris, les édits pour la répression des délits correctionnels comme la mendicité et le vagabondage, appartiennent sans partage à Colbert.

Avec un prince fastueux comme Louis XIV, la surintendance des bâtiments était loin d'être une sinécure. Qu'on rapproche par l'imagination les merveilles du règne, les 54 lieues, les 75 écluses et l'immense réservoir du canal du Languedoc, l'éclosion féerique de Versailles, la colonnade du Louvre, l'Observatoire, le Val-de-

Grace, les Invalides, et cent autres fondations de luxe ou d'utilité, et qu'on se représente le surintendant comparant les devis, épurant les comptes, guidant les ingénieurs, échauffant les artistes ! Tel nous le montre son nouvel historien dans deux chapitres d'un intérêt véritable. Un des traits distinctifs de Colbert fut la sévère économie sans lésinerie. Suivant la remarque de M. Clément, les constructions de Louis XIV, exécutées avec 165 millions de livres, somme dont la valeur relative serait aujourd'hui de 480 millions de francs, ne pourraient pas être reproduites au prix d'un milliard. La dotation de l'Académie française, fille de Richelieu, et celle des trois filles de Colbert, les Académies des Inscriptions, des Sciences et de Peinture, les pensions aux gens de lettres et artistes, aux savants nationaux et étrangers, n'absorbaient qu'une somme bien inférieure aux sacrifices qu'on fait actuellement dans le même but.[1] Cependant le siècle de Louis XIV a dû une partie de son prestige à la libéralité qui séduisit les hommes d'intelligence. Ne faut-il pas faire honneur de ce résultat à la perspicacité de Colbert, qui, en versant les faveurs sur le vrai mérite, savait donner à la récompense positive une valeur incalculable ?

De 1661 à 1672, Colbert fut tout-puissant en France. Son crédit commença à déchoir pendant la guerre générale qui suivit la campagne de Hollande. Avec les plus grands généraux du siècle, avec les ressources d'une bonne administration, le roi de France put tenir tête au reste de l'Europe, et, après la paix de 1678, ses flatteurs furent autorisés à lui dire qu'il était l'arbitre du monde. Si la gloire militaire est enivrante, elle est dispendieuse. Celui qui tenait, aux yeux du peuple, les cordons de la bourse, devait se trouver souvent dans une situation embarrassante.

Le contrôleur des finances avait pour rival dans le cabinet un homme de génie dans sa sphère, Louvois, qui tira de la routine l'administration militaire, et en fit une science. Au lieu de procéder par des réquisitions violentes, de livrer les populations au pillage, Louvois introduisit un mode d'approvisionnement qui eut le double avantage de prévenir les besoins de l'armée et d'affamer l'ennemi. La refonte des cadres, l'obligation de l'uniforme des troupes, le perfectionnement des armes spéciales, les grands tra-

---

1 Les pensions littéraires, par exemple, ne se sont jamais élevées à plus de 100,000 livres, somme qu'il faut tripler pour établir une comparaison avec notre temps.

vaux de fortification, les grands équipages de siège, renouvelèrent l'art de la guerre. Appliquées à des armées de trois à quatre cent mille hommes, ces innovations précipitées devinrent accablantes. Organisateur de la victoire, caressant le monarque sans songer au pays, Louvois conservait le beau rôle dans les conseils. Obligé d'inventer des expédients pour subvenir aux besoins de l'armée, Colbert supportait la responsabilité des entreprises de son collègue. A chaque demande nouvelle d'argent, le financier faisait entendre des représentations qui irritaient le jeune conquérant. Un jour, le fait est raconté par Charles Perrault, Colbert, effrayé par une demande de 60 millions pour *l'extraordinaire des guerres*, osa dire en plein conseil qu'il lui serait impossible de procurer cette somme. « Songez-y, dit alors Louis XIV ; il se présente quelqu'un qui entreprendrait d'y suffire, si vous ne voulez pas y songer. » Sous le coup de cette menace brutale, Colbert rentra dans son cabinet, abasourdi, effaré. Pendant plusieurs jours, il se tint renfermé chez lui, plongé dans une sorte de stupeur, remuant machinalement ses papiers, quoique incapable de travail, parlant de prendre sa retraite, et tremblant d'épouvante à la pensée d'un tel sacrifice. Le malheureux n'était que trop persuadé qu'un autre se présenterait pour entreprendre ce qui lui semblait pernicieux. Sa famille, ajoute Perrault, s'efforça de lui persuader que sa démission entraînerait sa perte. Au milieu de ses irrésolutions, une lettre du roi le rappela à Versailles. Il se résigna donc à reprendre ses fonctions ; mais, frappé au cœur, la blessure restait ouverte : il se sentait vaincu dans le conseil par ce *parti de la guerre* dont Louvois était l'âme. Quoiqu'il eût fait le sacrifice de ses plans personnels à la politique ruineuse de son rival, la cour lui fit sentir plus d'une fois qu'il était en disgrâce. Un amer désenchantement refroidit son zèle, et parut même comprimer ses facultés. « Tandis qu'auparavant, dit Perrault, on le voyait se mettre au travail en se frottant les mains de joie, depuis cet événement, il ne travailla plus qu'avec un air chagrin, et même en soupirant. De facile et aisé qu'il était, il devint difficultueux, et l'on n'expédia plus à beaucoup près autant d'affaires que dans les premières années de son administration. »

Dans nos gouvernements modernes, un ministre eût rendu son portefeuille, et, en retrempant son nom dans la faveur populaire, il fût devenu une puissance dans l'état ; mais il n'eût pas été prudent de jouer un tel jeu avec Louis XIV. D'ailleurs, Colbert, esprit concentré et despotique, n'avait pas l'ambition de la popularité. Il ne recula donc plus devant certaines mesures que son bon sens et son équité réprouvaient peut-être, et brava sans crainte l'animadversion publique. Un appauvrissement, une anxiété générale, ne tardèrent pas à se manifester. Je ne crois pas toutefois qu'on doive prendre à la lettre cette assertion de M. Clément, que « jamais la condition des habitants des campagnes n'a été aussi misérable que sous Louis XIV, même pendant l'administration de Colbert. » M. Clément cite pour preuves des rapports datés de 167 et 1681, et notamment une lettre du gouverneur du Dauphiné, pour apprendre au ministre que « la plus grande partie des habitants de ladite province mangent l'herbe des prés ou l'écorce des arbres ; » mais il est à présumer par le renchérissement des blés que les récoltes de ces deux années avaient été plus mauvaises que de coutume. M. Clément, généralisant un fait exceptionnel, attribue cette prétendue misère du pays aux souffrances de l'agriculture, gênées par les restrictions opposées au commerce des grains ; il accuse même Colbert d'avoir prohibé l'exportation afin d'avilir le prix des blés dans l'intérêt des manufactures. Il y a dans tous ces faits erreur et confusion. Si le blé avait été déprécié en raison de sa surabondance, le pauvre n'aurait pas été réduit à manger l'herbe et l'écorce. La détresse du bas peuple se révèle, non pas par le vil prix des céréales, signe de leur abondance, mais au contraire par l'élévation des prix qui indiquent la rareté. Tel fut le symptôme qui se manifesta, après la mort de Colbert, pendant les années véritablement désastreuses qui terminèrent le siècle [1] !

L'impopularité du ministre eut pour cause l'accroissement continuel des impôts, et surtout les tracasseries fiscales inévitables avec le régime financier de cette époque. Le budget des recettes, qu'il avait trouvé à 84 millions, s'était élevé à 112 : ce surcroît n'avait rien d'exorbitant, eu égard aux grandes choses accomplies pendant cette période ; mais, pour l'obtenir, il avait fallu fatiguer de sollicitations les pays d'état afin de faire augmenter les dons gratuits ; il avait fallu livrer les autres provinces aux traitants, multiplier les impôts

---

1 Au surplus, en supposant que la législation en vigueur sur les grains eût affamé le pays, faudrait-il rejeter le blâme sur Colbert ? M. Clément s'étonne avec raison que, dans la correspondance ministérielle qu'il a analysée, le peu de lettres relatives au commerce des grains soient la condamnation du système prohibitif.

de consommation de manière à enchérir la main-d'œuvre dans les manufactures, créer des offices inutiles ou même vexatoires pour les citoyens. Entraîné dans une voie fatale, Colbert cherchait à se faire illusion à lui-même ; il considérait ces tristes expériences comme des mesures transitoires sur lesquelles il se proposait de revenir à la paix. « Il faut, dit-il dans un de ses mémoires, abolir la ferme du tabac et celle du papier timbré, qui sont préjudiciables au commerce du royaume ; » mais le peuple n'était pas dans la confidence des embarras du ministre. Ce qui le frappait, c'était l'éclosion journalière d'une nouvelle espèce de traitants, qui venaient, au nom d'une taxe nouvelle, soutirer au pauvre quelque argent et le déranger dans ses habitudes. Des désordres qui éclataient sur divers points du royaume trahissaient une dangereuse irritation. Les petits revendeurs de Paris ne pardonnaient pas à l'homme du roi d'avoir donné à bail les échoppes des halles, concédées gratuitement jusqu'alors. A Bordeaux, on s'était révolté à l'occasion du droit de marque sur les poteries d'étain, et pendant trois jours la populace avait tenu les autorités en état de siège. Le monopole du tabac, l'impôt du timbre, avaient ensanglanté la Bretagne. Pau, la Réole, Périgueux, le Mans, avaient eu aussi leurs jours de crise. Force restait à la loi, et le châtiment était impitoyable ; des malheureux, coupables d'un instant d'exaspération, périssaient dans les supplices. Le mécontentement ainsi comprimé tournait à la haine, non contre le brillant monarque, mais contre le rigide financier, responsable, aux veux du peuple, des actes du gouvernement.

Par un excès d'ingratitude et de perfidie dont on ne trouve d'exemple que dans les cours, le chagrin légitime de Colbert devenait un texte de calomnie : ses ennemis lui attribuaient, comme à Fouquet, des *desseins pernicieux*. On ne parvint pas à le transformer en conspirateur, mais on réussit à jeter des doutes sur sa probité dans l'esprit du maître. Un jour que le ministre présentait un compte relatif aux travaux de Versailles, le roi l'interrompit sèchement par ces mots : « Il y a là de la friponnerie. — Sire, répondit Colbert, je me flatte au moins que ce mot-là ne s'étend pas jusqu'à moi. — Non, reprit le roi, mais il fallait y avoir plus d'attention. » Malgré cet adoucissement, le coup était porté ; il était mortel. Colbert, déjà fatigué et malade, prit le lit et ne se releva plus. Peu de jours après, la visite d'un gentilhomme, porteur d'une lettre de la main du roi, lui fut annoncée : il fit semblant de dormir pour n'avoir pas à répondre, et plus tard on ne put pas le déterminer à lire la lettre. L'ingratitude de Louis XIV fut le supplice de ses derniers moments ; on l'entendit murmurer ces amères paroles : « Si j'avais fait pour Dieu ce que j'ai fait pour cet homme-là, je serais sauvé deux fois, tandis que je ne sais ce que je vais devenir. » Le 5 septembre 1683, il dicta son testament et appela le jésuite Bourdaloue. Le lendemain, sa mort termina un ministère de vingt-deux années. Le roi crut devoir se montrer triste : les courtisans, au contraire, engagés pour la plupart dans le parti de la guerre, ne dissimulèrent pas leur satisfaction. Le bas peuple de Paris, sachant que son ennemi était tombé en disgrâce, donna un libre cours à sa haine. Les précautions prises par la police furent une insulte de plus à la mémoire du défunt. Au lieu des honneurs qui lui étaient dus, on fit le convoi la nuit, clandestinement, pour ainsi dire, et on lui donna pour escorte tous les archers du guet, « comme pour empêcher, est-il dit dans les notes de Maurepas, que la foule ne déchirât le cadavre en pièces. » Les libelles et les chansons coururent la ville, sans qu'on fît de grands efforts sans doute pour les supprimer. Dans les pièces recueillies par M. Clément, on distingue un quatrain qui traduit assez fidèlement les sentiments populaires :

Enfin Colbert est mort, et c'est vous faire entendre
Que la France est réduite au plus bas de son sort,
Car, s'il restait encor quelque chose à lui prendre,
Le voleur ne serait pas mort.

On jugera des dispositions de la cour par une lettre où Mme de Maintenon s'exprime ainsi sur le fils du ministre. « M. de Seignelai a voulu envahir tous les emplois et n'en a obtenu aucun. Il a de l'esprit, mais peu de conduite… Il a si fort exagéré les qualités et les services de son père, qu'il a convaincu qu'il n'était ni digne ni capable de le remplacer. » Le marquis de Seignelai conserva seulement la marine dont il avait la survivance, et continua fièrement les traditions de sa famille. Il mourut à temps pour ne pas voir la destruction de l'œuvre de son père à la déplorable bataille de La Hogue. Desmarest, neveu de Colbert, et son auxiliaire le plus habile en matière de finances, fut écarté sous l'inculpation d'improbité.

Le grand ministre ne tarda pas à être vengé. Le Pelletier,

Pontchartrain, Chamillart, favoris du roi, donnèrent des preuves d'une incapacité si scandaleuse, qu'on fut obligé de rappeler au contrôle des finances ce même Desmarest qu'on avait essayé de flétrir, mais qui conservait aux yeux de tous le mérite d'être le neveu et l'élève de Colbert. L'épouvantable détresse, les cruelles souffrances de la fin du règne, firent regretter la première période comme un temps de félicité. On oublia le despotisme et les erreurs pour ne se souvenir que des services, et ce même peuple qui avait hurlé devant un cercueil finit par attacher à la mémoire du grand homme un renom proverbial de patriotisme et de génie. Tel était du moins le sentiment du XVIIIe siècle, qui vivait sous le régime institué par Colbert. Le tort du nouvel historien, je le répète, est d'avoir jugé avec les théories du jour un état social très différent du nôtre, et de chercher trop souvent dans le tableau du passé la confirmation des principes absolus de la science contemporaine.

L'entreprise de ranimer la puissante figure de Colbert était pleine de difficultés : il faut excuser M. Clément de n'y avoir pas parfaitement réussi. La vie du plus laborieux des hommes d'état qui aient existé se compose d'une série d'actes politiques, de règlements, d'expériences sur les matières les plus diverses. Chacune de ces réformes exige l'exposition des faits antérieurs et une discussion de principes. Comment grouper de tels éléments pour obtenir un tableau animé et lumineux ? Comment bien faire sentir, dans cette transmutation incessante d'une époque, l'influence du moteur principal ? M. Clément ne s'est pas plus mis en frais de composition que de style. L'ordre chronologique qu'il a suivi pour énumérer les actes administratifs de Colbert rompt souvent l'enchaînement des faits analogues ; des détails instructifs deviennent parfois fatigants par leur incohérence. La biographie du héros, disséminée capricieusement dans l'ouvrage, ne laisse pas d'empreinte dans l'esprit du lecteur. Comme peinture historique, l'étude sur Fouquet, qui sert d'introduction, est beaucoup plus recommandable. Le principal titre de M. Clément est d'avoir fouillé avec une ardeur passionnée les innombrables documents amoncelés dans nos dépôts publics. Ce n'est pas qu'il se soit assimilé les milliers de volumes imprimés ou inédits qui lui ont passé par les mains, et dont il lui a plu de dresser l'inventaire à la fin du volume, suivant l'usage des érudits du XVIe siècle. La lecture du plus grand nombre des im-

André Cochut

primés qu'il cite n'a pas dû éclairer beaucoup son sujet. D'autres sources bien plus fécondes et à peu près inexplorées avant lui sont les manuscrits de nos bibliothèques et de nos archives. L'auteur a résolument abordé le *fonds Colbert*, c'est-à-dire une collection réunie par Étienne Baluze, le savant bibliothécaire du grand ministre, et comprenant plus de six cents volumes presque tous in-folio sur les diverses matières administratives. Les autres collections laissées par des hommes d'état, les archives du royaume, le dépôt de la marine, ont également fourni des indications précieuses, que les historiens futurs de Colbert ne pourront plus négliger. En résumé, à défaut d'un livre bien fait, M. Clément a donné un travail très utile. Un honorable accueil a été sa récompense.

N'est-on pas frappé du contraste qui existe entre le ministre de l'ancien régime et le ministre constitutionnel ? Anciennement, il fallait s'effacer derrière le monarque et le grandir autant que possible : le conseiller le plus puissant était celui qui dissimulait le mieux son influence. De nos jours, le ministre doit se mettre en avant pour couvrir la couronne, exagérer même son influence personnelle pour déguiser la volonté dont il est l'instrument. L'habileté jadis était d'insinuer au monarque le vœu du pays ; aujourd'hui, c'est de faire adopter par les représentants du pays le désir du monarque. Sous le despotisme, la responsabilité est sérieuse et implacable : c'est la prison perpétuelle de Fouquet, ou ce coup d'œil sanglant de Louis XIV, qui tue Colbert et Louvois ; la responsabilité selon la charte est plus bénigne : on n'en meurt pas. Le meilleur ministre était celui qui vivait le plus dans ses bureaux et pour les affaires : il faut vivre à présent à la tribune, ou pour la tribune. Dans la première imperfection des rouages administratifs, le chef devait payer de sa personne : les choses ne marchaient que par ses inspirations et sa vigilance. Un ministère moderne, avec son exacte distribution des travaux, avec sa hiérarchie d'employés, avec ses traditions et ses routines, est devenu une sorte de mécanique qui pourrait au besoin marcher sans ministre. Nos anciens parlaient pour avancer les affaires : parler est une affaire aujourd'hui. Parler sur tout, parler beaucoup, et, s'il se peut, bien parler, c'est un mérite ; parler sans préparation, c'est encore mieux. Colbert recommande au contraire à son fils de s'enfermer pour faire des brouillons, lorsqu'il doit exposer une affaire au roi, de rédiger plusieurs copies, s'il le faut, jusqu'à ce qu'il ait trouvé une excellente distribution des matières, une diction simple et substantielle : c'était là l'éloquence du temps. Mais, dira-t-on, sous le règne du bon plaisir, il fallait courtiser les maîtresses du prince. Sous le règne des majorités, ne faut-il pas compter avec les amants de la foule ? Qu'un homme, après avoir dirigé les grands intérêts d'une nation, se retirât avec des trésors, cela semblait naturel au peuple comme au monarque. Actuellement, tel ministre que l'envie trouve trop riche à la sortie des affaires est moins riche, à tout prendre, que s'il avait employé son intelligence dans le trafic des sucres ou des toiles peintes. Autrefois, un portefeuille était considéré comme un bien de famille : Le Tellier, Brienne, Lionne et Colbert obtenaient la survivance de leurs charges pour des jeunes gens de seize à vingt ans. Nos ministres, hélas ! se survivent presque toujours à eux-mêmes : du jour où un scrutin les a fait éclore, ils commencent à craindre le scrutin qui doit les tuer. En somme, tous ces changements ont tourné à l'avantage des temps modernes, et il est à remarquer que les peuples constitutionnels, même sous des administrations faibles, n'ont pas à regretter les époques où les plus grands hommes d'état de l'ancien régime ont gouverné.

ISBN : 978-1545560754

www.ingramcontent.com/pod-product-compliance
Lightning Source LLC
Chambersburg PA
CBHW072024280526
45788CB00007B/2656